足球篮球入门技巧

主编◎赵小丽

山西出版传媒集团
山西科学技术出版社

图书在版编目（CIP）数据

足球篮球入门技巧 / 赵小丽编著 . — 太原：山西科学技术出版社，2022.11（2023.7 重印）

ISBN 978-7-5377-6215-1

Ⅰ . ①足… Ⅱ . ①赵… Ⅲ . ①足球运动—基本知识②篮球运动—基本知识 Ⅳ . ① G84

中国版本图书馆 CIP 数据核字（2022）第 186193 号

足球篮球入门技巧

ZUQIU LANQIU RUMENJIQIAO

出 版 人	阎文凯
主　　编	赵小丽
责任编辑	冉宏伟
封面设计	杨宇光
出版发行	山西出版传媒集团 · 山西科学技术出版社
	地址：太原市建设南路 21 号　邮编　030012
编辑部电话	0351-4922107
发行部电话	0351-4922121
经　　销	各地新华书店
印　　刷	唐山玺鸣印务有限公司
开　　本	880mm × 1230mm　1/32
印　　张	4.25
字　　数	42 千字
版　　次	2022 年 11 月第 1 版
印　　次	2023 年 7 月河北第 2 次印刷
印　　数	5001—25000 册
书　　号	ISBN 978-7-5377-6215-1
定　　价	28.00 元

编委会名单

主　　编： 赵小丽

副 主 编： 王　浩　王　鑫

池鑫磊　王晓田

动作示范： 申雨晴　张凯杰

目录

足球入门技巧

篮球入门技巧

足球入门技巧

一 足球比赛规则

（一）用球要求

比赛用球应为圆形，由皮革或其他许可的材料制成，不得使用可能伤害运动员的材料。球的圆周不得大于 71 厘米且不得小于 68 厘米。足球的重量，在比赛开始时不得大于 453 克且不得小于 396 克。充气后其压力应相当于0.6~1.1 个大气压力（海平面上）。在比赛进行中，未经裁判员许可，不得更换比赛用球。

（二）队员人数及装备

一场比赛应有两队参加，每队上场队员不得多于 11 名，其中必须有 1 名为守门员。

上场队员必需的装备是运动上衣、短裤、护袜、护腿板和足球鞋。上场队员不得穿戴可能危及其他运动员的任何物件。护腿板必须由护袜全部包住，而且应由适当的材料制成。守门员的服装颜色必须有别于裁判员和其他上场队员。

（三）比赛时间

比赛时间为 90 分钟，分上、下两个半场，每半场 45 分钟，特殊情况除外，并按下列规定执行。

1. 在每半场中，由于处理伤员及其他原因造

成的时间损失均应补回，这段时间的多少由裁判员决定。

2. 在每半场时间终止时或全场比赛结束后，如执行罚点球，则应延长时间至罚完点球为止。

3. 除经裁判员同意外，上、下半场之间的休息时间不得超过 15 分钟。

（四）中圈开球

1. 上、下半场开始时或某队胜一球时进行中圈开球。

2. 开球前，双方队员应站在本方半场，防守队员不得进入中圈。

3. 裁判员鸣哨后，开球队员必须将球向前半场踢出。

4. 中圈开球不能直接射门得分，开球队员不得连踢。

（五）罚点球

1. 防守队员在罚球区内故意犯规，被判罚直接任意球时，执行罚点球。

2. 罚点球时，除主罚队员和守门员外，其他队员均应退至罚球区和罚球弧线以外的场地内。

3. 可以直接射门得分，但不得使用假动作，不得连踢。

4. 点球未踢出之前守门员双脚应站在球门线上，不得移动。

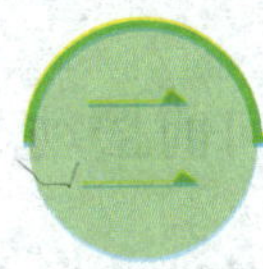

二、足球运动的技巧讲解

（一）踢球技巧

常用的踢球技巧包括脚背正面踢球、脚内侧踢球、脚背内侧踢球和脚背外侧踢球等。

动作要领

1. 脚背正面踢球

踢定位球时，直线助跑，最后一步稍大，以支撑脚脚跟着地，踏在球的侧后方 10~15 厘米处，膝关节微屈，足尖正对出球方向；以膝关节为轴摆动小腿，大腿带动小腿，屈膝，积极向前摆动。当膝关节接近球的垂直上方时，小腿做爆发式的前摆。击球时脚面绷直，上体稍前倾，两臂配合协调摆动。（图 1~ 图 3）

图 1

图 2

图 3

2. 脚内侧踢球

脚内侧踢球又称脚弓踢球。脚内侧踢定位球时，直线助跑，最后一步稍大些。支撑脚踏在球侧约 15 厘米处，膝关节微屈，踢球腿以髋关节为轴由后向前摆动，膝、踝关节外展，脚尖稍翘，脚内侧对准来球，击球刹那，脚跟前顶，脚型固定，用脚内侧击球的中后部。（图 4~ 图 6）

图 4

图 5

图 6

3. 脚背内侧踢球

踢定位球时，斜线助跑，助跑方向与出球方向约呈45度。以右脚踢球为例，支撑脚外侧着地，踏在球的右侧方25~30厘米处，膝关节微屈，足尖指向出球方向，身体稍向支撑脚一侧倾斜并转向出球方向，大腿带动小腿积极前摆。当摆到膝关节接近球内侧垂直方向时，小腿加速前摆，同时足尖稍外转，脚面绷直，脚趾扣紧，足尖指向斜下方，以脚背内侧击球的中后部。踢球后，踢球腿随球继续前摆，两臂随踢球动作自然摆动。（图7~图9）

图 7

图 8

图 9

4. 脚背外侧踢球

踢定位球时，正面直线助跑，最后一步稍大。支撑脚以脚跟着地，踏在球的侧后方 10~15 厘米处，膝关节微屈，足尖正对出球方向，摆动腿以髋关节为轴，大腿带动小腿，屈膝，积极向前摆动。当膝

关节接近球的垂直上方时，小腿加速前摆，同时足尖内转，脚面绷直，脚趾扣紧，足尖指向斜下方，用脚背外侧击球的中后部。踢球后，踢球腿随球向前继续摆动，两臂配合踢球动作协调摆动。（图 10~图 12）

图 10

图 11

图 12

（二）停球技巧

停球是有意识地用身体合理部位把各种来球停接在自己的控制范围内，以便能更好地传球、运球或射门。绝对意义上的停球几乎是不存在的，因为球到了自己的脚下，不是把球停留在一点上，而是立即准备做下一个动作，所以停球也称接球，而且在一定意义上讲，接球的表达更为准确，它是一项控球的基本技术。

动作要领

1. 脚内侧停球

（1）停地滚球时，身体正对来球方向。支撑脚脚尖与来球的方向一致，膝微屈，停球腿提起、外转并向前迎，脚尖稍翘起，使脚内侧对准来球。当脚与球接触瞬间开始后撤，以缓冲来球的力量，把球停留在便于衔接下一个动作的控制范围内。（图 13~ 图 15）

图 13

图 14

图 15

（2）停反弹球时，脚内侧对准球反弹方向，当球刚弹离地面时，用脚内侧推压球的中上部，将球停留在便于衔接下一个动作的控制范围内。（图16~图18）

图 16

图 17

图 18

（3）停空中球分为两种方法：一种是身体正对来球方向，另一种是身体侧对来球方向。

正面停空中球时，看准来球的弧度和高度，支撑脚维持身体平衡，停球腿屈膝高抬，以脚内侧对准来球方向，用迎撤的停球动作将球停在体前。

侧身停空中球时，来球一般较高，停球时，身体侧对来球方向。一脚支撑身体平衡，一脚屈膝高抬使脚内侧部位对准来球。抬脚的高度与触球时球的高度一致，运用切挡的停球动作改变来球方向使球缓冲落地。

2. 脚外侧停球

（1）停地滚球时，停球脚稍提起，膝关节和脚内转，用脚背外侧正对来球，在支撑腿的侧前方接

触球的侧后方，脚与球接触瞬间向外侧轻拨，将球停在侧方或侧前方。（图 19~ 图 21）

图 19

图 20

图 21

（2）停反弹球时，面对来球，支撑腿的膝关节微屈，停球脚在支撑腿前方稍提起，脚内翻，使小腿与地面呈一定角度，踝关节放松，当球刚反弹离地时，用脚背外侧触球的侧上部，将球停在体侧。（图 22~ 图 24）

图 22

图 23

图 24

3. 脚背正面停空中球

停球前，身体面对来球，支撑腿微屈维持身体平衡，停球腿屈膝抬起，小腿前伸主动迎球，用脚背正面接触球的底部，当脚背触球前的一瞬间，小腿下撤以缓冲来球的力量，同时膝关节和踝关节放松，将球停留在体前适当的位置。（图 25~ 图 28）

图 25

图 26

图 27

图 28

4. 大腿停球

（1）停高球时，判断好来球的落点，面对来球，停球腿抬起，以大腿中部对准球的落点，在大腿与球接触瞬间，肌肉适当放松并迅速后撤，使球落在与下一个动作衔接所需要的位置。（图 29~ 图 32）

图 29

图 30

图 31

图 32

（2）停平直球时，面对来球，对准来球的飞行路线，停球腿屈膝前迎，用大腿中部触球，在触球瞬间后撤，使球落在与下一个动作衔接所需要的位置。

5. 胸部停球

（1）挺胸停球时，身体正对来球，两膝微屈，上体后仰，重心落在两脚之间，两臂自然张开，微收腹，当球运行到与胸部接触瞬间，两脚蹬地，胸部上挺、憋气，使球接触胸部后向前上方弹起，然后落于体前。（图 33~ 图 35）

图 33

图 34

图 35

（2）收胸停球时，身体正对来球，两臂自然张开，重心前移，挺胸迎球，当球运行至胸部接触前瞬间，重心迅速后移，收胸、收腹以缓冲来球力量，将球停于体前。

（三）运球技巧

运球是用脚连续控制球的技术。运球技术动作连贯，方向变化多，速度变化快，而且经常与过人技巧连接起来。在比赛中合理运用，将会取得以少对多的人数优势，创造突破防守射门得分的时机。但是，练习者要认识到传球比运球快得多。凡是应该传又能够传出去的球，就不要盲目运球，应本着能传不运的原则加快推进速度。

常用的运球技术有脚内侧运球、脚背外侧运球

等。脚内侧运球多用于变向运球和掩护运球。脚背外侧运球不仅可做直线运球而且可做曲线运球。正脚背运球技术多用于直线运球，快速推进，尤其是在甩掉防守者，前面又有较大空间或直逼球门时，多采用正脚背快速运球。

动作要领

1. 脚内侧运球

脚内侧运球时，支撑脚向前跨步，踏在球的侧前方，膝关节稍弯曲，上体前倾。随着身体向前移动，运球脚提起，在落地之前，用脚内侧推球的中后部。在改变运球方向时，经常是用两只脚交替拨球。（图36~ 图 39）

图 36

图 37

图 38

图 39

2. 脚背外侧运球

脚背外侧运球时，支撑脚保持在球的侧后方，运球脚抬起时，足尖稍内转，在迈步前伸落地前，用脚背外侧推拨球。向前跑动时身体自然放松，上体稍前倾，两臂自然摆动。（图 40~ 图 42）

图 40

图 41

图 42

（四）头顶球技巧

动作要领

1. 前额正面头顶球

原地向前顶球时，两脚用力蹬地，两腿用力伸直，上体由后向前快速摆动，借助腰腹部及颈部力量，用前额将球顶出。（图 43、图 44）

图 43

图 44

2. 前额侧面头顶球

顶球前，与顶球方向同侧的腿向前跨一步，两膝微屈，身体重心放在后腿上，上身和头部稍向侧倾斜并转体约 45 度，两眼注视来球。顶球时后腿蹬地，上身和头部向出球方向迅速扭转，屈体甩头，用额骨侧面将球顶出。（图 45~ 图 47）

图 45

图 46

图 47

3. 腾空前额正面头顶球

腾空前额正面向前顶球时，当跳到最高点并在来球接近身体垂直线时，收腹、摆头，用前额将球顶出。（图 48、图 49）

图 48

图 49

4. 腾空前额侧面头顶球

腾空前额侧面顶球时，起跳动作与腾空前额正面顶球的动作相同。只是在跳起上升的过程中，上体侧屈，侧对来球，在跳到最高点顶球时，急速转体甩头，用额骨侧面将球顶出。顶球后，两膝微屈缓冲落地。（图 50~ 图 52）

图 50

图 51

图 52

（五）抢截球技巧

动作要领

1. 正面抢球

对手运球从正面而来，为了将球抢至己方而采用正面抢球的方法。两脚前后开立，膝微屈，重心落在两脚间，面向对手；当球即将着地或刚着地时，支撑脚立即用力蹬地，抢球脚以脚内侧对球，并屈膝向球跨出，挡住球的正面；支撑脚立即前跨，上体前倾保持身体平衡，将球控制。（图 53~ 图 55）

图 53

图 54

图 55

2. 侧面抢球

对手快速运球推进时，防守队员与对手平行跑动，或防守队员从对手背后追上呈平行跑时所采用的抢球方法。当与对手并肩跑动时，身体重心稍下降，等对手靠近自己一侧的脚离地时，用肘关节以上部位，合理冲撞对手相应部位，使其暂时失去身体平衡向外侧倾斜，并乘机将球抢过来。（图 56~

图 59）

图 56

图 57

图 58

图 59

3. 正面铲球

铲球技术是抢截时突然倒地滑行，用脚或腿把对方控制、传出或即将接到的球破坏或截获。有正面铲球和侧后铲球之分。当防守人距运球人 1 米左右时，可用脚掌、脚尖或脚背铲球。（图 60~ 图 63）

图 60

图 61

图 62

图 63

三 运动后的放松拉伸

（一）大腿前侧拉伸

动作要领

1. 被拉伸腿向后弯曲，使脚底朝向天空，同侧手抓住被拉腿的脚踝处，将脚跟拉向臀部，膝关节指向地面，并与支撑腿的膝关节靠拢。另一侧手也可以拉住辅助物或侧平举以保持平衡。保持 15 秒以上。被拉伸大腿前侧应有酸胀感。（图 64）换另一条腿做同样动作。注意在拉伸过程中始终保持呼吸均匀。

图 64

2. 支撑腿往前跨一大步，另一条腿跪于地面上，上身随支撑腿前移，使跪于地面的腿的前侧被充分拉伸，应有酸胀感。保持 15 秒以上。（图 65、图 66）换另一条腿做同样动作。注意在拉伸过程中始

终保持呼吸均匀。

图 65

图 66

（侧面图）

（二）大腿外侧拉伸

动作要领

保持身体直立，被拉伸的腿上提扭转，双手放在被拉伸腿脚踝处，腿部端平。被拉伸大腿外侧应有酸胀感。保持 15 秒以上。（图 67）换另一条腿做同样动作。注意在拉伸过程中始终保持呼吸均匀。

图 67

（三）双人配合拉伸

动作要领

和同伴平行站立，双方左右手互相拉伸，使身体侧方有拉伸感，保持 15 秒以上。（图 68、图 69）换方向做同样的动作。注意在拉伸过程中始终保持呼吸均匀。

图 68

图 69

这些拉伸动作都是为了缓解腿部肌肉酸痛而设计的。强度控制在个人感觉舒适的范围，不要过度拉伸。

篮球入门技巧

一 篮球比赛规则

（一）违例

违例是队员在比赛中违反规则，但未造成犯规的行为。“罚”则是判该队失去控球权，由对方队员在靠近违例地点掷界外球。违例的表现常有以下几种情况。

1.3 秒违例

规则规定：某队控制球时，该队队员在对方的限制区内控球不得持续超过 3 秒。队员在限制区内停留接近3秒时，可默许其运球投篮。

控球是指拿球、运球以及掷界外球的队员在处理球时，球在同队队员之间传递。

投篮出手后的球和正在被双方在地上或空中争夺的球不是被控制的球。

2. 掷界外球违例

掷界外球队员应遵守下列规定：应站在裁判员指定地点掷界外球，左右移动不能超过1米；应在场外于5秒之内将球掷出；掷球时，不得越过篮板传给场上另一名队员；掷出的球不能直接进入篮圈、停留在篮圈上、触及场外；不能在其他队员触及前触及掷入场内的球。如违反上述规定，则视为掷界外球违例。

3. 球回后场违例

规则规定：位于前场控制球队的队员不得使球回后场。如果控制球队的队员在前场接触球而使球进入后场，该队员或同队队员又在后场接触球，即为球回后场违例。

后场包括本方球篮所在的半场区域及中线，球接触到中线、后场地面或后场地面上的队员，即为球进入后场。

值得注意的是，队员在前场防守时触摸到对方传的球，而使球进入后场，但在触摸球时没有控制住球，也不是故意将球拍向后场，同队队员或该队员在后场接到此球时，不算球回后场违例。

4. 攻防中的干扰球违例

规则规定：当投出的球在飞行中下落，并完全在篮圈水平面上时，进攻或防守的队员不可以触球；当球在球篮中时，防守队员不得触及球或篮圈；当投篮的球触及篮圈时，进攻或防守队员不得触及球篮或篮板。违反上述规定即为干扰球违例。

进攻队如果违例，则不得分。判对方队员在罚球线的延长部分掷界外球。

防守队如果违例，则判投篮队员得 2 分或 3 分，然后由防守队掷界外球重新开始比赛。

（二）犯规

犯规是违反规则的行为，包括与对方队员的不正当身体接触或违反体育道德的举止。

队员不准通过臂、肩、髋、膝、脚或弯曲身体呈不正常姿势以拉、推、撞、绊等动作来阻碍对方行进，也不准使用任何粗野动作。

违反上述规定即侵人犯规，根据具体情况做出相应的处罚。

1. 判断持球队员撞人原则

（1）防守队员必须面对持球队员并且双脚着地，建立最初的合法防守位置。

（2）防守队员为了保持这个防守位置，可以保持静止或侧移或后撤。

（3）防守队员必须先占据合法防守位置，然后接触必须发生在躯干部位。

如果符合上述三条，则是持球队员造成犯规。

2. 队员的技术犯规

队员的技术犯规是指所有不包括与对方队员接触的队员犯规。其中包括：

（1）队员漠视裁判员的劝告或有不正当的行为，如讲话或接触中没礼貌；有冒犯别人和煽动观众的言语或举动；妨碍对方掷界外球；犯规后裁判要求举手而不举手；离开场地去获得不正当的利益等。

（2）有意的、不道德的或给违反者带来不正当利益的技术性违犯。如对方队员跳起投篮时，防守队员从他身下穿过；在对方投篮时恐吓对方；等等。

出现技术犯规后，要登记违反者一次技术犯规，判给对方队员两次罚球。

3. 教练员、助理教练员、替补队员或随队人员的技术犯规

（1）教练员、助理教练员、替补队员和随队人员必须留在本方的球队席区域内（在裁判允许情况下、暂停期间、根据医生判断受伤队员处于危险中等情况下除外）。

（2）教练员、助理教练员、替补队员和随队人员在与裁判员、记录台工作人员和对方人员交涉时应该有礼貌。

（3）只有被登记在记录表上的教练员在比赛过程中允许保持站立。

违反上述规定即教练员、助理教练员、替补队员或随队人员技术犯规，有以下处罚。

（1）要登记教练员一次技术犯规，由对方队长

指定队员罚球两次后掷界外球。

（2）遇下列情况，则将取消教练员比赛资格：明目张胆地违反规则被登记时；因教练员本身行为而被登记两次技术犯规时；因教练员、随队人员等行为累积在教练员名下登记了三次技术犯规时。

教练员被取消比赛资格后，可由助理教练员或队长代理。

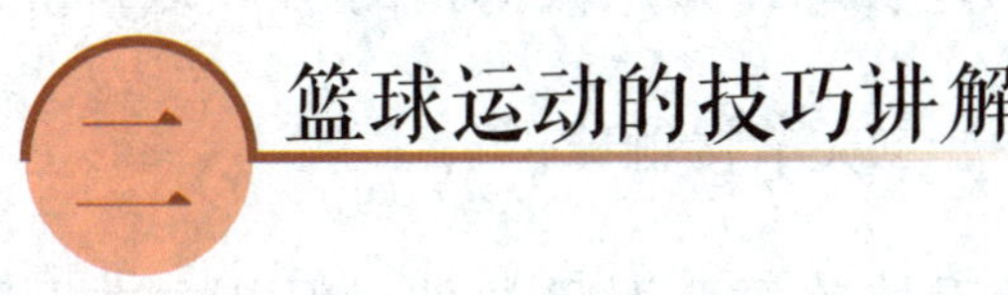

二 篮球运动的技巧讲解

（一）持球技巧

篮球持球方法是用五指持球，并将手指向内紧缩，在球落地的一刻用手指撑住。持球练习训练的是控制球的能力、正确的投篮手型以及正确的发力姿势等。

动作要领

1. 五指伸开，五指覆盖的面积越大，对球的控制效果越好。不管持球、运球还是上篮、投篮，掌心一定不能触球，只用大拇指的第一关节和其余四指的第一、二关节接触球。

2. 双手持球时两肘稍向外，保持左右上臂、左右手的两个大拇指均呈“八”字形。双手持球时两个手腕可以灵活转动。（图 70、图 71）错误的持球方法如图 72 和图 73。

图 70

图 71

图 72

图 73

（二）运球急停、急起

运球急停、急起的训练对不同技术水平的练习者要区别对待，结合对抗练习，可以提高练习者实际运用的能力。

动作要领

运球急停时，重心后移，跨步急停，手按球的前上方。运球急起时，重心前移，蹬地短促有力，手拍球的后上方。

（三）原地单手运（拉）球

原地单手运（拉）球是指有球队员在原地用单手连续拍按由地面反弹起来的球。

动作要领

运球时，两腿微屈，手用力向前下方推按球，使球的落点位于身体侧前方，使球反弹的高度在腰腹之间。手脚协调配合，使球有节奏地原地运拉。（图

74~ 图 76）

图 74

图 75

图 76

（四）左右运（拉）球

动作要领

降低重心，先练习右手原地运球，再练习左手原地运球。要靠手腕的力量拨球。（图 77~ 图 81）

图 77

图 78

图 79

图 80

图 81

（五）前后运（拉）球

动作要领

降低重心，靠手腕的力量拨球，单手在身体侧方前后运球。（图 82~ 图 86）

要注意运球的时候并不是重心越低越好，因为

带球的外力完全由手腕发出，只有控制好球的落地方向，才能很好地控制球。一只手练习熟悉后再用另一只手练习。

图 82

图 83

图 84

图 85

图 86

（六）换手变向运球

动作要领

以右前方向左前方变向为例，右手迅速按拍球的右侧上方，使球向身体左侧反弹，跨步、转体、侧肩保护球的同时换左手运球。

练习方法

1. 徒手练习跨步急停、变向跑。

2. 原地单手前推后拉运球，体会按拍球的部位，提高控制球的能力。

3. 观察信号急停急起练习。主要培养抬头运球习惯，锻炼反应能力。

4. 追逐练习。两人一组并排站立，一人徒手做急停急起，另一人运球追逐对方相应做急停急起。

5. 遇标志杆做体前换手变向练习。右前方 4~6 米处设一标志杆，右手运球跑到标志杆前向左前方换手变向运球跑。重点体会与对手距离的控制和运用时机。

6. “之”字形路线连续做体前换手变向练习。重点锻炼手控制球的能力。

7. 一攻一守练习体前换手变向运球。防守人双手背后，只用身体堵截对方，运球人利用体前换手变向运球，争取突破对方，体会运球变向时机。

（七）胯下变向运球

胯下变向运球是运球队员利用突然改变运球方向来突破防守的一种运球方法，这种运球方法多在防守队员迎面堵截时运用。

运球的时候不能很准确地在胯下击地，因此在练习的时候应该尽量做到打开双腿，同时将自己的重心压低，目光向前，用手来感受球的位置。

动作要领

当防守队员迎面堵截，贴得很近时，以右手运球为例，变向时，左脚在前，右手拍按球的右侧上方，将球从两腿之间运至身体左侧，换手运球，加速前进。（图 87~ 图 90）左手动作相同，方向相反。

图 87

图 88

图 89

图 90

易犯错误

胯下运球击地点偏前或偏后，手与脚的配合不协调。

（八）原地单手肩上投篮

练习者要对动作有正确的认识，使动作规范化，提高投篮的命中率。

动作要领

上下肢要协调用力，伸臂充分，手腕前屈，并用手指柔和拨球，将球投出。（图 91~ 图 93）

图 91

图 92

图 93

练习方法

1. 两人面对面做投篮练习，相互检查、纠正。

2. 两人一组，一人在罚球线后投篮，另一人捡球传递，投五个球后交换。投篮者根据上一次投篮结果进行自我修正动作，指导下一次投篮。

3. 四人一组用两球，三人依次捡球、传递，一人投篮，投三个球后换人。要求投篮者接球后快速投篮。

4. 运球急停后原地单手肩上投篮，重点体会动作之间的衔接。

（九）双手胸前投篮

双手胸前投篮技术是基本投篮技术之一，指持球者用双手将球从胸前投向球篮的动作。优点是投篮的力量大，距离远，便于和传球、运球、突破相结合。

动作要领

1. 两手五指自然张开，双手拇指呈“八”字形，用指根以上部位持球，掌心空出。两肘自然弯曲于体侧，置球于胸腹部位，身体呈基本站立姿势。（图

94）

2. 投篮时，目视投篮方向，两臂前伸，手腕由下向上转动，再由内向外翻，急促抖腕，同时拇指用力下压，食指、中指用力弹拨，将球推出。出球后手心和拇指向下，其余四指向前。（图 95）

图 94

图 95

（十）单手肩上传接球

练习者应了解单手肩上传球的特点与运用时机，掌握控制传球落点的基本方法。要求练习者一方面提高动作的准确性，另一方面通过反复练习，提高控制球的能力。

动作要领

（*以右手为例*）双手握球，将球引至右肩上方，右手执球，肘关节外展，右手腕后仰，指根以上托球，掌心空出，重心落在右脚上。传球时，右脚蹬地，前臂迅速向前挥摆，手腕前屈，通过拇指、食指、中指拨球，将球传出。球出手后右腿随之向前跨步。（图 96~ 图 98）

图 96

图 97

图 98

练习方法

1. 对墙传接球。距墙 5~6 米传球，锻炼全身的协调性。

2. 两人一组，相距 6~8 米，面对面进行原地传接球练习。要求球的飞行路线尽可能平直。

3. 两人一组，相距 6~8 米，面对面站立，一人向左或向右移动，另一人根据同伴的移动速度，掌握好时机，将球传给同伴，以提高练习者对时空的判断力和控制球落点的能力。

4. 两人一组，相距 6~8 米，一人运球，另一人徒手向前跑，运球人在跑出 3~5 步后急停，将球用单手肩上传球方式传给移动中的同伴。要求运球后急停、传球衔接连贯，传球落点准确。

（十一）行进间运球单手肩上投篮

动作要领

（以右手为例）左脚跨出一大步，在球没落地前接球，左脚落地后右脚向前跨一小步（缓冲向前的水平冲力），并用力蹬地向上起跳，同时举球于肩上（或头部以上）。（图 99~ 图 101）当身体上升至最高点时，双臂向前上方伸展，右臂即将伸直时手腕前屈，食指、中指用力拨球，通过指端将球拨出，出手要柔和。

图 99

图 100

图 101

（十二）原地交叉步持球突破

原地交叉步持球突破方法的优点是跨步后与防守队员接触面较小，能更好地利用跨步抢位保护球。

动作要领

以左脚作中枢脚为例，先用假动作使防守队员重心左移，然后右脚内侧蹬地并向左侧前方迈出，上体左转探肩，左手推放球于右腿前侧，快速超越对手。（图 102~ 图 104）

图 102

图 103

图 104

（十三）双手胸前传接球

双手胸前传接球是篮球队员最基本的传接球方法。这种传接球方式出手快，易于保持投篮前持球的稳定性，也便于和突破技术相结合。

动作要领

1. 两手自然张开，大拇指呈“八”字形，用指根以上部位持球，掌心空出。两肘自然弯曲于体侧，置球于胸腹部位，身体呈基本站立姿势。传球时，目视传球方向，两臂前伸，手腕由下向上转动，再由内向外翻，急促抖腕，同时拇指用力下压，食指、中指用力弹拨，将球传出。出球后掌心和拇指向下，其余四指向前。（图 105~ 图 107）

2. 接球队员以基本姿势站立，双手向前伸，主动迎球。最前端的手指触球后应让整个手臂迅速向内弯曲，起到缓冲的作用，保护自己不受伤。

图 105

图 106

图 107

（十四）双手低手传球

双手低手传球是一种近距离底部位的递交式传球方法，多用于内线队员进行策应或外围队员交叉跑动时的传球。

动作要领

双手持球于腹前或腹侧，两脚左右或前后开立，屈膝。传球时双臂前摆并外旋，手腕向上翻转，拇指、食指及中指用力拨球。（图 108~ 图 110）

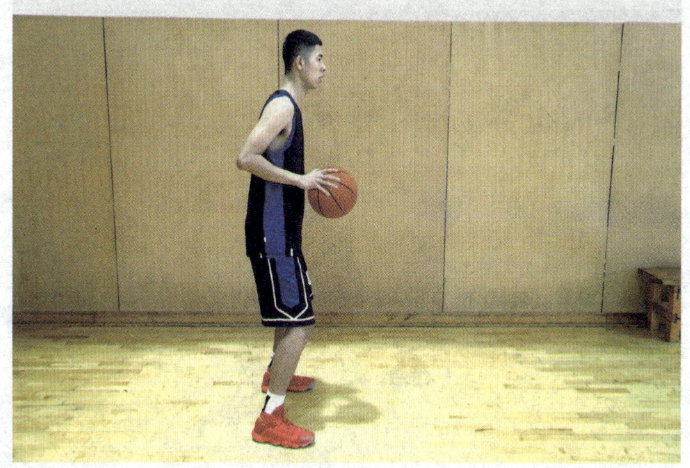

图 108

图 109

图 110

（十五）双手头上传球

动作要领

双手持球举于头上，两肘稍屈，持球手法与双手胸前传球手法相同。传球时小臂前伸，手腕前扣

外翻的同时，拇指、食指、中指用力拨球。传球距离较远时，脚蹬地，腰部用力，全身协调发力，将球传出。（图 111、图 112）

图 111

图 112

（十六）单手肩前传球

单手肩前传球是一种近距离的传球方法，具有快速、灵活、隐蔽的特点，便于和运球突破、投篮等技术动作结合运用。

动作要领

以右手传球为例，两脚平行开立，屈膝，持球于胸腹之间。传球时身体稍右转，双手将球引至右肩侧，手腕后屈掌心朝前，右手持球在球的外侧下部，左手扶球的左侧下部。出球时，手臂迅速前伸，手腕前扣，食指、中指、无名指用力拨球，将球平直传出。（图 113~ 图 115）

图 113

图 114

图 115

（十七）个人防守

正确的防守姿势有利于扩大控制面积，保持身体平衡，便于及时向不同方向移动，摆脱进攻队员的堵截。

动作要领

两脚平行开立或斜向开立，比肩稍宽，屈膝，身体支撑点在两脚的前脚掌上，含胸、收腹，上体稍前倾，两臂屈肘侧举，上臂与身体夹角为60度，掌心向前，目视前方。

（十八）滑步

滑步分侧滑步、前滑步、后滑步三种。

滑步是防守时的主要移动步法。它易于保持身体平衡，可向任何方向移动（侧、前、后），常用来阻截对方的移动路线，调整自己的防守位置。

动作要领

1. 侧滑步

以左侧滑步为例，右脚前脚掌内侧用力向左蹬地，同时左脚向左滑出半步，左脚落地的同时，右脚迅速向左滑出半步，双脚保持一定距离，不能相碰。两脚滑动离地不能太高，应当做到平贴着地面滑动。移动中身体不能起伏，头部要保持在一个水平面上，重心稳定。向右滑步动作的要领与向左滑步相同，只是向相反方向蹬地。

2. 前、后滑步

身体姿势与侧滑步相同。向前滑步时，后脚前脚掌内侧用力向前蹬地，同时前脚向前迈一小步，接着后脚迅速跟上半步，仍保持两脚原来距离。向后滑步时则用前脚掌用力向后蹬地，同时后脚向侧后方迈出半步，接着前脚迅速跟上半步，仍保持两脚原来距离与角度。前、后滑步时，前脚的脚尖应朝前。

（十九）后撤步

动作要领

以左脚后撤步为例，站成防守基本姿势。两脚平行站立，右脚前脚掌内侧用力蹬地，同时左脚向左斜后方滑出一步，腰部用力向左稍转动，带动上体移动。右脚迅速向左斜后方滑动一步，保持原来两脚距离。两臂侧举，屈肘，左臂低于右臂。腿部要有力量，重心要稳，随时准备继续滑步。

（二十）攻击步

动作要领

同防守基本姿势相同。两脚平行站立，当进攻者运球、停球或暴露球时，防守者左脚迅速蹬地，右脚向前跨出，右脚落地，左腿屈膝，重心控制在腰部，以便抢不到球向后移动或恢复原位。有时为了让对方停球或威胁对方，突然运用攻击步假动作。

当对方运球停止时，后脚紧跟跨上一步，贴近对方成平步防守，封堵对方的球。

三 运动后的放松拉伸

（一）手臂拉伸

动作要领

动作一：准备动作时，两脚开立，手臂自然放在身体两侧，目视前方。（图 116）

左臂向右伸直，右臂弯曲夹住左臂，上身向右侧转动。换方向右臂以同样的方法拉伸放松。（图 117~ 图 119）

图 116

图 117

图 118

图 119

动作二：准备动作时，两脚开立，手臂自然放在身体两侧，目视前方。（图 120）

两臂屈臂过头顶，右手放于左肘处，向右侧微微拉伸，使左手臂肌肉有拉伸感。换右臂，以同样的方法拉伸放松。（图 121~ 图 123）

图 120

图 121

图 122

图 123

（二）腿部拉伸

大腿内侧、外侧拉伸，小腿肌肉拉伸放松，都是为了缓解腿部肌肉酸痛而设计。强度控制在个人感觉舒适的范围，不要过度拉伸。

动作要领

动作一：坐于地面，左腿自然伸直，右脚放于左腿膝关节外侧，右臂尽量贴近左脚，俯身下压。（图124、图 125）换腿用同样的方法拉伸放松。

图 124

动作二：坐于地面，两腿自然伸直，两脚掌相触，身体自然向下压，感受腿部肌肉的拉伸感。（图

126—图 128）

图 125

图 126

图 127

图 128

动作三：两脚开立，双手自然下垂，目视前方。右腿提膝，双手抱膝尽量贴于胸前，感受腿部肌肉的拉伸感。（图 129、图 130）左腿以同样的方法拉伸放松。

图 129

图 130